中华文化风采录

历来古景风采

多姿的桥梁

陈璞 编著

北方妇女儿童出版社
·长春·

版权所有　侵权必究

图书在版编目（CIP）数据

多姿的桥梁 / 陈璞编著. —长春：北方妇女儿童出版社，2017.1（2022.8重印）
（历来古景风采）
ISBN 978-7-5585-0660-4

Ⅰ. ①多… Ⅱ. ①陈… Ⅲ. ①桥－名胜古迹－中国 Ⅳ. ①K928.78

中国版本图书馆CIP数据核字（2016）第311435号

多姿的桥梁
DUOZI DE QIAOLIANG

出 版 人	师晓晖
责任编辑	吴　桐
开　　本	700mm×1000mm　1/16
印　　张	6
字　　数	85千字
版　　次	2017年1月第1版
印　　次	2022年8月第3次印刷
印　　刷	永清县晔盛亚胶印有限公司
出　　版	北方妇女儿童出版社
发　　行	北方妇女儿童出版社
地　　址	长春市福祉大路5788号
电　　话	总编办：0431-81629600

定　　价　　36.00元

序言

习近平总书记说："提高国家文化软实力，要努力展示中华文化独特魅力。在5000多年文明发展进程中，中华民族创造了博大精深的灿烂文化，要使中华民族最基本的文化基因与当代文化相适应、与现代社会相协调，以人们喜闻乐见、具有广泛参与性的方式推广开来，把跨越时空、超越国度、富有永恒魅力、具有当代价值的文化精神弘扬起来，把继承传统优秀文化又弘扬时代精神、立足本国又面向世界的当代中国文化创新成果传播出去。"

为此，党和政府十分重视优秀的先进的文化建设，特别是随着经济的腾飞，提出了中华文化伟大复兴的号召。当然，要实现中华文化伟大复兴，首先要站在传统文化前沿，薪火相传，一脉相承，弘扬和发展5000多年来优秀的、光明的、先进的、科学的、文明的和自豪的文化，融合古今中外一切文化精华，构建具有中国特色的现代民族文化，向世界和未来展示中华民族具有独特魅力的文化风采。

中华文化就是中华民族及其祖先所创造的、为中华民族世世代代所继承发展的、具有鲜明民族特色而内涵博大精深的优良传统文化，历史十分悠久，流传非常广泛，在世界上拥有巨大的影响力，是世界上唯一绵延不绝而从没中断的古老文化，并始终充满了生机与活力。

浩浩历史长河，熊熊文明薪火，中华文化源远流长，滚滚黄河、滔滔长江是最直接的源头，这两大文化浪涛经过千百年冲刷洗礼和不断交流、融合以及沉淀，最终形成了求同存异、兼收并蓄的辉煌灿烂的中华文明。

中华文化曾是东方文化的摇篮，也是推动整个世界始终发展的动力。早在500年前，中华文化催生了欧洲文艺复兴运动和地理大发现。在200年前，中华文化推动了欧洲启蒙运动和现代思想。中国四大发明先后传到西方，对于促进西方工业社会形成和发展曾起到了重要作用。中国文化最具博大性和包容性，所以世界各国都已经掀起中国文化热。

中华文化的力量，已经深深熔铸到我们的生命力、创造力和凝聚力中，是我们民族的基因。中华民族的精神，也已深深根植于绵延数千年的优秀文

序 言

化传统之中，是我们的精神家园。但是，当我们为中华文化而自豪时，也要正视其在近代衰微的历史。相对于5000年的灿烂文化来说，这仅仅是短暂的低潮，是喷薄前的力量积聚。

中国文化博大精深，是中华各族人民5000多年来创造、传承下来的物质文明和精神文明的总和，其内容包罗万象，浩若星汉，具有很强的文化纵深感，蕴含丰富的宝藏。传承和弘扬优秀民族文化传统，保护民族文化遗产，已经受到社会各界重视。这不但对中华民族复兴大业具有深远意义，而且对人类文化多样性保护也有重要贡献。

特别是我国经过伟大的改革开放，已经开始崛起与复兴。但文化是立国之根，大国崛起最终体现在文化的繁荣发展上。特别是当今我国走大国和平崛起之路的过程，必然也是我国文化实现伟大复兴的过程。随着中国文化的软实力增强，能够有力加快我们融入世界的步伐，推动我们为人类进步做出更大贡献。

为此，在有关部门和专家指导下，我们搜集、整理了大量古今资料和最新研究成果，特别编撰了本套图书。主要包括传统建筑艺术、千秋圣殿奇观、历来古景风采、古老历史遗产、昔日瑰宝工艺、绝美自然风景、丰富民俗文化、美好生活品质、国粹书画魅力、浩瀚经典宝库等，充分显示了中华民族厚重的文化底蕴和强大的民族凝聚力，具有极强的系统性、广博性和规模性。

本套图书全景展现，包罗万象；故事讲述，语言通俗；图文并茂，形象直观；古风古雅，格调温馨，具有很强的可读性、欣赏性和知识性，能够让广大读者全面触摸和感受中国文化的内涵与魅力，增强民族自尊心和文化自豪感，并能很好地继承和弘扬中国文化，创造未来中国特色的先进民族文化，引领中华民族走向伟大复兴，在未来世界的舞台上，在中华复兴的绚丽之梦里，展现出龙飞凤舞的独特魅力。

目录

天下第一桥——赵州桥

鲁班兄妹打赌修桥　002

李春设计建造赵州桥　009

雕塑艺术与历次修缮　020

京西锁钥——卢沟桥

026　神仙老汉帮建卢沟桥

032　金朝两代帝王令建桥

038　康熙皇帝重建卢沟桥

043　乾隆皇帝与卢沟晓月

053　卢沟桥地域人文风情

情人之桥——断桥

062　神仙助段家夫妇修桥

065　西湖断桥的历代美誉

最古跨江桥——铁索桥

铁索桥的建造传奇　070

贵州关岭花江铁索桥　076

长虹卧波——玉带桥

080　双祝河上东坡造玉带桥

083　江西信丰的玉带桥

088　颐和园中的玉带桥

天下第一桥 赵州桥

赵州桥建于605年前后,由隋代著名匠师李春设计和建造,距今已有1400多年历史,是世界上最早和保存最完整的石拱桥。

赵州桥又名"安济桥",位于河北省赵县的洨河上。赵州桥是一座单拱桥,拱长达37.02米,在当时可算是世界上最长的石拱。

桥洞不是普通半圆形,而像一张弓,桥面平坦宽阔,成为"坦拱",兼顾了水陆交通,方便了车马运行。古人用"初月出云""高虹横水""奇巧甲天下"来形容赵州桥的绝妙。赵州桥曾被评为国际土木工程的里程碑,被誉为"天下第一桥"。

鲁班兄妹打赌修桥

鲁班
公元前507—前444
手艺高强的工艺巧匠,杰出的创造发明家
吉龙斋工作室 13901008862

传说是在古时候,木匠祖师爷鲁班领着妹妹鲁姜路过河北赵州城的南洨河渡口,一条白茫茫的洨河拦住了去路,河宽水深,风高浪急。

河边上推车的,担担的,卖葱的,卖蒜的,骑马赶考的,拉驴赶庙会的,闹闹嚷嚷,争着过河进城。河上只有

■ 鲁班 姓公输,名般,又称公输子、公输盘、班输、鲁般。故里在山东滕州。春秋末期到战国初期鲁国土木工匠。鲁班是我国古代的一位出色的发明家,2000多年以来,他的名字和有关他的故事,一直在广大人民群众中流传。我国的土木工匠们都尊称他为"祖师"。

■ 赵州桥

两艘小船摆来摆去，半天也过不了几个人。

鲁班看到后，就问他们："你们怎么不在河上修座桥呢？不用每天在河里穿梭了！"

人们都说："这河又宽、水又深、浪又急，谁敢修呀！打着灯笼，也找不着这样的能工巧匠！"

鲁班听了心里一动，和妹妹鲁姜商量好，要为来往的行人修两座桥。

于是，鲁班就对妹妹说："咱先修大石桥后修小石桥吧！"

鲁姜说："行！"

鲁班说："修桥是苦差事，你可别怕吃苦啊！"

鲁姜说："不怕！"

鲁班说："不怕就好。你心又笨，手又拙，再怕吃苦就麻烦了。"

这一句话把鲁姜惹得不高兴了。她说："你别嫌

庙会 又称"庙市"或"节场"。是指在寺庙附近聚会，进行祭神、娱乐和购物等活动。庙会是我国民间广为流传的一种传统民俗活动，是一个国家或民族中被广大民众所创造、享用和传承的生活文化。

■ 赵州桥石栏板

望柱 也称"栏杆柱",是栏板和栏板之间的短柱。望柱分柱身和柱头两部分。柱身的截面,在宋代多为八角形,清代望柱的柱身,截面多为四方形。望柱柱身各面常有海棠花或龙纹装饰。柱头的装饰,花样繁多,常见的有龙纹、凤纹、云纹、狮子、莲花、葫芦。

我心笨手拙,今个儿,咱俩分开修,你修大的,我修小的,和你比赛一下,看谁修得快,修得好。"

鲁班说:"好,比吧!啥时动工,啥时修完?"

鲁姜说:"天黑出星星动工,鸡叫天明收工。"

一言为定,兄妹于是分头开始准备。

鲁班不慌不忙溜溜达达往西向山里走去了。鲁姜到了城西,急急忙忙就动手。她一边修一边想:等着瞧吧!我非赢不可!果然,三更没过,她就把小石桥修好了。

随后,鲁姜悄悄地跑到城南,看看她哥哥修成什么样子了。她来到城南一看,河上连个桥影儿也没有。鲁班也不在河边。她心想哥哥这回输定了。

当鲁姜扭头一看,西边太行山上,一个人赶着一群绵羊,蹦蹦窜窜地往山下来了。等她走近了一看,原来赶羊的是她哥哥。

哥哥哪是赶的羊群呀!分明赶来的是一块块像雪

花一样白、像玉石一样光润的石头，这些石头来到河边，一眨眼的工夫就变成了加工好的各种石料。

有正方形的桥基石，长方形的桥面石，月牙形的拱圈石，还有漂亮的栏板，美丽的望柱，但凡桥上用的，应有尽有。

鲁姜一看心里一惊，这么好的石头造起桥来该有多结实呀！相比之下，自己造的那个不行，需要赶紧想法补救。重修来不及了，就在雕刻上下功夫胜过哥哥吧！

鲁姜悄悄地回到城西动起手来，在栏杆上刻了盘古开天、大禹治水，又刻了牛郎织女、丹凤朝阳。什么珍禽异兽、奇花异草，都刻得像真的一样。刻得鸟儿展翅能飞，刻得花儿香味扑鼻。

鲁姜瞅着那精美的雕刻简直满意极了，她又跑到城南去偷看哥哥。

牛郎织女 一个很美丽的千古流传的爱情故事。每年农历七月初七，有百鸟到银河搭鹊桥，牛郎织女相会的美好传说。所以，这一天被称为"七夕""七夕节""乞巧节""少女节"或"女儿节"。

■ 赵县赵州桥

■ 赵州桥附近的鲁班祠

蓬莱 又称为蓬莱山、蓬山、蓬丘、蓬壶、蓬莱仙岛等。实际上，早在秦始皇之前，"蓬莱"作为海上神山的名字就已经传开了。"蓬莱"作为地名，而不是神山名，最早有文字可考的记载见于唐代杜佑的《通典》："汉武帝于此望海中蓬莱山，因筑城以为名。"

乍一看呀！她简直惊呆了。天上的长虹，怎么落到了河上呢？她定睛再仔细一看，原来哥哥把桥造好了，只差安好桥头上最后一根望柱了。

鲁姜怕哥哥赢了自己，就跟哥哥开了个玩笑。她闪身蹲在柳树后面，捏住嗓子伸着脖子"咕咕哏"地学了一声鸡叫。

她这一叫，引得附近老百姓家里的鸡也都叫了起来。鲁班刚刚装饰好桥的中部，忽然听到鸡叫，真的以为是天亮了。他为人最讲信用，并谨遵约定，他赶忙把最后一根望柱往桥上一安，桥也算修成了。

这场兄妹建桥比赛，两人各有千秋，大石桥以工程巨大而领先，小石桥以栏板雕饰而更胜一筹。哥哥鲁班虽然输了，但他为妹妹的精湛技艺感到十分高兴。

这两座桥，一大一小，都很精美。

鲁班的大石桥，气势雄伟，坚固耐用。鲁姜修的小石桥，精巧玲珑，秀丽喜人。赵州一夜修起了两座桥，第二天就轰动了附近的州衙府县。

人人看了，人人赞美。能工巧匠来这里学手艺，巧手姑娘来这里描花样。每天来参观的人，像流水一样。

这件奇事很快就传到了蓬莱仙岛仙人张果老的耳朵里，他就骑着毛驴，兴冲冲地赶来看热闹。他在路上遇到了推车的柴王爷和拉车的赵匡胤，于是三人一同来到洨河畔观桥。看过赵州桥后，三人无不暗暗惊叹鲁班的精湛技艺。

为了考验鲁班，张果老与鲁班打赌，如果他们三位能顺利过桥，而桥不倒，从此便倒骑毛驴。鲁班心想：这座桥，骡马大车都能过，三个人算什么，于是就请他们上桥。

三人走上桥时，张果老转身施法术，聚来日月星辰，装入身上的褡裢里，柴王爷和赵匡胤也运用法术聚来了五岳名山，悄悄放在了独轮车上。

由于载重猛增，三人还没有走到桥中间，大桥就经受不住了，开始摇晃起来。

鲁班一见不好，急忙跳进水中，用手撑住大桥的东

> **赵匡胤**（927-976），宋太祖赵匡胤，大宋王朝的建立者。他在位16年，在位期间，加强中央集权，提倡文人政治，开创了我国的文治盛世，是一位英明仁慈的皇帝，是推动历史发展的杰出人物。

■ **张果老** 张姓果名，隐于襄阳条山。唐代武则天时已逾百岁，多次被武后、唐玄宗召见，还被唐玄宗授以银青光禄大夫，赐号通玄先生。以后他以"年老多病"为由，又回到仙翁山去了，是当时有名的道士。后来他被神化了，成为八仙之一。

侧，大桥才转危为安，张果老三人顺利地走过了大桥。张果老当面认输，从此开始倒骑着毛驴。

因为鲁班撑大桥时使劲太大，在大桥东拱圈下便留下了他的手印。桥上也因此留下了驴蹄印、车道沟、柴王爷跌倒时留下的一个膝印和张果老斗笠掉在桥上时打出的圆坑。

大桥是鲁班建造的传说以及张果老倒骑毛驴的故事，被民间口口相传，流传十分广泛。其中最有名的，就是那首脍炙人口的民歌《小放牛》：

赵州桥是什么人修？玉石栏杆什么人留？
什么人骑驴桥上过？什么人推车轧了一道沟……
赵州桥是鲁班爷修，玉石栏杆圣人留，
张果老骑驴桥上过，柴王爷推车轧了一道沟……

阅读链接

传说五代时期后周皇帝柴荣听到鲁班在赵州修桥的消息后，他为国家有这样的贤良能人而感到十分高兴。他化装成普通百姓，推上独轮车，并由殿前都点检赵匡胤拉车，到赵州桥考查封赏鲁班。

柴荣的小车将至桥中，因为车沉桥陡，柴荣脚下一滑，单膝跪在桥上，把桥面上压了一个膝印和一道车沟。鲁班看出这人是世宗皇帝，急忙上前跪拜。

柴荣说："你为民修桥有功，任你挑选，朕要封你为官。"

鲁班拜谢圣意，表示愿做工匠一世，别无所求。柴荣大喜，当场书写"鲁班仙师"匾额一块，赐予鲁班。

李春设计建造赵州桥

鲁班在赵州修桥仅仅是一个美丽的传说而已,真实的情况其实是这样的。隋代统一我国后,结束了长期以来南北分裂、兵戈相见的局面,大大促进了当时社会经济、文化等各方面的发展。

赵州桥影壁墙

涿郡 公元前201年分广阳郡南部、巨鹿郡北部及恒山郡一部，置涿郡，直隶于汉代朝廷，治所在涿县，就是后来的河北涿州，辖涿县、范阳等21县。583年，隋文帝撤涿郡，所辖区域并入幽州。

在当时，河北的赵县是南北交通的必经之地，从这里北上可到达重镇涿郡，南下可抵达京都洛阳，因此，这里的交通十分繁忙。

但是，赵县这一交通要道当时却被城外的河流所阻断，严重影响了人们的交通往来，而且每当洪水季节甚至不能通行。

鉴于这种情况，当地官府决定在洨河上建造一座大型石桥，以结束长期以来交通不便的状况。于是，官府就选派造桥匠师李春负责大桥设计和施工的主要工匠，在洨河建造大桥。

李春就地取材，选用附近州县生产的质地坚硬的青灰色砂石作为建桥石料。

在石拱砌置上，李春均采用了纵向的砌置方法，就是整个大桥是由28道各自独立的拱券沿宽度方向并列组合而成。拱厚皆为1.03米，每券各自独立、单独

■ 李春铜塑像

■ 赵州桥远景

操作，相当灵活。

每券砌完全合龙后就成了一道独立拱券，砌完一道拱券，移动承担重量的"鹰架"，再砌另一道相邻拱。

这种砌法有很多优点，它既可以节省制作"鹰架"所用的木材，便于移动，同时又利于桥的维修，一道拱券的石块损坏了，只要嵌入新石，进行局部修整就行了，而不必对整个桥进行调整。

李春还根据自己多年丰富的实践经验，经过严格周密的勘查和比较，他选择了洨河两岸较为平直的地方建桥。

这里的地层是由河水冲积而成，地层表面是久经水流冲刷的粗砂层，以下是细石、粗石、细砂和黏土层。

根据后来测算，这里的地层每平方米能够承受45

拱券 一种建筑结构，简称"拱"，或"券"，又称"券洞""法圈""法券"。它除了竖向荷重时具有良好的承重特性外，还起着装饰美化的作用。其外形为圆弧状，由于各种建筑类型的不同，拱券的形式略有变化。

■ 赵州桥美景图

吨至66吨的压力，而赵州桥对地面的压力为每平方米50吨至60吨，能够满足大桥的要求。李春选定桥址后，便在上面开始建造地基和桥台。

桥台是整座大桥的基础，必须能承受大桥主拱圈轴而向力分解而成的巨大水平推力和垂直压力。

李春在建造大桥时，采取了低拱脚，拱脚在河床下仅半米左右。还采用了浅桥基，桥基底面在拱脚下1.7米左右。还建造了短桥台，由上至下，用逐渐略有加厚的石条砌成5米长，6.7米宽，9.6米高的桥台。

这是一个既经济又简单实用的桥台。为了保障桥台的可靠性，李春采取了许多相应的固基措施。

为了减少桥台的垂直位移，就是由大桥主体的垂直压力造成的下沉，他采取了在桥台边打入许多木桩的措施，以此来加强桥台的基础。这种方法在后来的厂房、桥梁的建造上还经常采用。

金刚墙 指券脚下的垂直承重墙，又称"平水墙"，它是一种加固性质的墙。古建筑对凡是看不见的加固墙都称为金刚墙。此外，梢孔内侧以内的金刚墙一般做成分水尖形，故称为"分水金刚墙"，梢孔外侧的叫"两边金刚墙"。

为了减少桥台的水平移动，就是由大桥主体的水平推力造成的桥台后移，李春采用了延伸桥台后座的办法，以抵消水平推力的作用。

为了保护桥台和桥基，李春还在沿河一侧设置了一道金刚墙，一方面可以防止水流的冲蚀作用；另一方面金刚墙和桥基、桥台连成一体，增加了桥台的稳定性。

这些措施保证了大桥具有坚固的桥台，提高了大桥的坚实程度。

李春及其他工匠在设计和施工的过程中，提出了许多技术上的创新方案，他和工匠们一起创造性地采用了圆弧拱形式，使石拱高度大大降低了。

李春采用圆弧拱形式，改变了我国大石桥多为半圆形拱的传统。我国古代习惯上把弧形的桥洞、门洞之类的建筑叫作"券"。

圆弧拱 取某圆周的一部分构成巷道拱部的形状。其拱形圆滑一致，并且在巷道周围压力作用下不易产生应力集中，支护结构受力状态好。此断面利用率较高，可减少开挖工程量，施工技术亦较简单，是采用较多的一种断面形式。

■ 具有"神桥"之称的赵州桥

■ 赵州桥的桥面

石桥 即用石料建造的桥梁。有石梁桥和石拱桥，历史都很悠久。中国历史上著名的石梁桥有洛阳桥和虎渡桥。由于石梁抗弯能力较差，现已只能在人行桥或涵洞中使用。石拱桥不仅在历史上有过辉煌成就，在现代铁路和公路桥上也发挥一定作用。

一般石桥的券，大都是半圆形。但在洨河上建桥跨度很大，从这一头至那一头有37.04米。如果把券修成半圆形，那桥洞就要高18.52米。这样车马行人过桥，就好比越过一座小山，非常费劲。

还有就是对施工不利，半圆形拱石砌石用的脚手架就会很高，增加施工的危险性。

李春设计大桥的券是小于半圆的一段弧，这既减低了桥的高度，减少了修桥的石料与人工，又使桥体非常美观，很像天上的长虹。

李春把桥的主孔设计成净跨度为37.02米，而拱高只有7.25米，拱高和跨度之比为1∶5左右。这样就实现了低桥面和大跨度的双重目的，桥面过渡非常的平稳，车辆行人也非常方便，而且还具有用料省、施工方便等优点。当然，圆弧形拱对两端桥基的推力相应增大，需要对桥基的施工提出更高的要求。

李春还采用了敞肩的方式进行设计，这是李春对拱肩进行的重大改进。他把以往桥梁建筑中采用的实肩拱改为敞肩拱，即在大拱两端各设两个小拱，靠近大拱脚的小拱净跨为3.8米，另一拱的净跨为2.8米。

李春所设计的这种大拱加小拱的敞肩拱具有优异的技术性能。首先可以增加泄洪能力，减轻洪水季节由于水量增加而产生的洪水对桥的冲击力。古代河流往往每逢汛期，水势较大，对桥的泄洪能力就是个考验。

李春设计4个小拱就可以分担部分洪流，后来根据计算4个小拱可增加过水面积16%左右，大大降低了洪水对大桥的影响，提高了大桥的安全性。

其次，李春采取敞肩拱比实肩拱可节省大量土石材料，能够减轻桥身的自重。后来根据计算，4个小拱可以节省石料26立方米，并能减轻自身重量700吨，从而减少桥身对桥台和桥基的垂直压力和水平推力，增加桥梁的稳固。

第三是增加了造型的优美。4个小拱均衡对称，大拱与小拱构成了

赵州桥全景

■ 赵州桥护栏石刻

一幅完整的图画，显得更加轻巧秀丽，体现了建筑和艺术的完整统一。

第四是符合结构力学理论，敞肩拱式结构在承载时使桥梁处于有利的状况，可减少主拱圈的变形，从而提高了桥梁的承载力和稳定性。

在我国古代，传统建筑方法是，一般比较长的桥梁往往采用多孔形式，这样每孔的跨度小、坡度平缓，便于修建。但是多孔桥也有缺点，如桥墩多，既不利于舟船航行，也妨碍洪水宣泄；桥墩长期受水流冲击、侵蚀，天长日久容易塌毁。

但是，李春在设计大桥的时候，采取了单孔长跨的形式，河心不立桥墩，使石拱跨径长达37米之多，这可是我国桥梁史上的空前创举。

为了加强各道拱券间的横向联系，使28道拱组成一个有机整体，连接紧密牢固，李春采取了一系列

桥墩 在两孔和两孔以上的桥梁中除两端与路堤衔接的桥台外其余的中间支撑结构称为桥墩，也即是多跨桥的中间支承结构部分。桥墩分为实体墩和排架墩等。按平面形状可分为矩形墩、尖端形墩、圆形墩等。建筑桥墩的材料可用木料、石料等。

技术措施。他采用了每一拱券下宽上窄、略有"收分"的方法，使每个拱券向里倾斜，相互挤靠，增强其横向联系，以防止拱石向外倾倒。

独具特色的赵州桥

在桥的宽度上，他采用了少量"收分"的办法，就是从桥的两端到桥顶逐渐收缩宽度，从最宽9.6米收缩至9米，以加强大桥的稳定性。

李春还在主券上均匀沿桥宽方向设置了5个铁拉杆，穿过28道拱券，每个拉杆的两端有半圆形杆头露在石外，以夹住28道拱券，增强其横向联系，并在4个小拱上也各有一根铁拉杆起同样作用。

李春在靠外侧的几道拱石上和两端小拱上盖上护拱石一层，以保

赵州桥近景

赵县 古称赵州，距今已有2500多年的历史。商朝时，为方国一国之地。战国初属中山国，后归赵国。汉为平棘县，西晋时，平棘治所移到棘蒲，属赵国。北魏置赵郡，曾为赵州治，隋改为赵郡。唐代改赵郡为赵州，明清恢复为赵州。后改为赵县。

护拱石。在护拱石的两侧设计有勾石6块，勾住主拱石使其连接牢固。

为了使相邻拱石贴合在一起，在两侧外券相邻拱石之间都穿有起连接作用的"腰铁"，各道券之间的相邻石块也都在拱背穿有"腰铁"，把拱石连起来。

而且每块拱石的侧面都凿有细密斜纹，以增大摩擦力，加强各券横向联系。这些措施的采取，使整个大桥连成一个紧密整体，增强了整个大桥的稳定性和可靠性。

赵州的洨河上修建起了一座石桥，于是当地的老百姓就叫它"大石桥"。石桥位于赵县的城南，飞跨在洨河之上，因赵县古称"赵州"，所以人们又叫它"赵州桥"。有史记载：

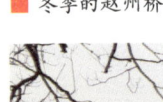
■ 冬季的赵州桥

赵州桥

赵郡洨河石桥，匠李春工迹也，制造奇特，人不知其所以为。

意思是赵州桥制造奇特，人们都不知道它是怎样建成的！隋末越王杨侗在皇泰初年，就是618年，他总结赵州桥的营造经验时，他称赞李春为"圣人"。

阅读链接

在很久以前，很多到赵州柏林禅寺参访的人，都要从赵州桥经过。相传当时有个人想以贬低赵州桥来讥讽赵州的禅法，他说道："久仰赵州大石桥，怎么我只看到一座小小的独木桥？"

赵州和尚问："你只见独木桥，未见到大石桥？"

这人说："是啊，大石桥是什么样的？"

赵州和尚答："度驴度马。"

是这样的，赵州桥默默无语地为南来北往的行人和车马服务，以佛心方便行人，承受驴马践踏；以佛心普度众生，无论高贵低下。赵州桥度过了多少生灵？古桥不语，流水无言！

雕塑艺术与历次修缮

赵州桥不仅是一座实用性的交通大桥,而且还是我国古代传统文化的一大载体,又是一件不可多得的古代雕塑艺术的瑰宝。

赵州桥建筑结构独特,唐代中书令张嘉贞称其为"奇巧固护,甲

赵州桥

■ 赵州桥石栏板

于天下",它被誉为"天下第一桥",在建筑史上占有十分重要的地位,对后代的桥梁建筑有着十分深远的影响。

赵州桥的玉石栏杆分列两侧,每侧各设了21块栏板和22根望柱。布局是中间每侧设蛟龙栏板5块,蟠龙竹节望柱6根,两侧为斗子禾叶栏板和宝珠竹节望柱。

赵州桥的雕饰主要集中在中间部分的栏板和望柱上,龙雕是其精华。

大桥中部每侧有5块蛟龙栏板,6根蟠龙竹节望柱,内外均是龙的形象,每侧有28条龙,两侧共计56条龙。如果再加上主拱券顶部两侧的各一个蚣蝮,总计58条龙,从而形成了一个气势恢宏的群龙阵图。

大桥上面的蛟龙奇兽或盘或踞,或飞或腾,跌宕多姿,引人入胜。

在艺术表现手法上既有粗犷豪放的写意,又有精致细密的工笔。布局详略得当,既有局部的变化又有整体的统一,形成苍劲古朴、浑厚豪放的艺术风格。

赵州桥除了具有传说的仙迹以外,还有玉石栏板和大石桥铭,人们称之为"三稀",十分有名。

蟠龙 我国民间传说中蛰伏在地而未升天之龙,其形状盘曲环绕。在我国古代一些建筑中,一般把盘绕在柱上的龙和装饰在庄梁上,以及天花板上的龙均习惯地称为"蟠龙"。

张嘉贞 字嘉贞,能诗善赋,以五经举世闻名。他历仕武则天、唐睿宗、中宗和玄宗四朝,官至中书令,累封河东侯,是唐代颇有影响的大臣。

饕餮 传说中龙的第五子，是一种想象中的神秘怪兽。它是羊身，眼睛在腋下，虎齿人爪，有一个大头和一张大嘴。它十分贪吃，见到什么就吃什么，由于吃得太多，最后被撑死了。

赵州石桥上的栏板大都仿照隋代以前的栏板而建筑，栏板上的龙图案是仿照隋朝图案而雕刻的，隋代的龙身上无鳞，尾巴细长，四爪和身体短健有力。

大桥上所雕的群龙之中，最引人注目的就是位于桥巅的饕餮。饕餮是传说中一种贪吃的怪兽，此兽以贪吃和凶险为特征。

赵州桥上的饕餮占据了大桥顶部最中间位置的整块栏板，毛发分披，两耳坚起，两只大眼凶光毕露，欲欲开合，怒视前方。

此恶兽形象与两旁飘逸的蛟龙形成了巨大的反差和鲜明的对比，使人望之生畏，不敢久留，这样就不会因桥上滞留多人而发生事故，从而达到通济利涉的目的。此乃以恶兽示警，实现劝善目的。

1086年至1096年，宋哲宗赵煦在北巡途中，深为赵州桥的雄奇壮丽所动，于是赐赵州桥正名为安济

■ 赵州桥护板

■ 赵州桥龙纹石刻

桥,是取"利贯金石,强济天下,通济利涉,安全渡过,万民以福"之意。

赵州桥南桥头下还有一块汉白玉的标志牌,牌上刻着"安济桥"三个大字,这就是赵州桥的正名,也是官名。这正是北宋时哲宗皇帝赵煦所赐,所以赵州桥的正名叫"安济桥"。

在1563年,因为卖柴者在赵州大石桥下烤火,火势延烧,致使桥石出现小的缝隙,但因为有腰铁锁着的缘故,桥上照样可以承载重物。看见这种情况,当地的居敬兄弟出面向知县李方至请求修缮石桥。

居敬兄弟也就是张居敬、张居仁,他们俩是明代举人张时泰之子,兄弟两人也是为官的,他们各捐资数十金,并倡导大家捐资,还从赵州境内募缘数千缗,把赵州桥修葺如故,颇得知州、知县和远近百姓称颂。

1821年,知州李景梅让庠生王元治负责修缮赵州

李景梅 字魁春,号仙原。明代嘉庆年间,任赵州知州。他为官数载,不但清正廉明,福泽一方,而且才华横溢,是当时颇负盛名的大书法家。最为世人称道的,便是他为"赵州桥"题写的"古桥仙迹"4个匾额大字,风神潇洒,令人美叹!

赵州桥辅桥

桥。李景梅率先捐资数十缗，在他的带动下，赵州境内众百姓纷纷出资，筹资很快完成。

修缮工程竣工后，知州赐予"急公好义"的匾额以表彰王元治的事迹。

赵州桥建成后差不多有1400年，它经历了10次水灾、8次战乱和多次地震，但丝毫都没有遭到破坏。

赵州桥的地理位置，在古代有"吞齐跨赵"的说法，地处兵家必争的咽喉要道，交通十分繁忙。大桥自建成后，就一直作为实用性交通大桥而使用，车马行人摩肩击毂，日夜不息。

赵州桥在漫长的历史长河中，历经车马重轧，战乱之祸，地震水患，风雨侵蚀，却一直安然雄居于洨河之上，在桥梁建筑史上堪称为一大奇迹。

阅读链接

由赵州桥贯穿的历史古道，过去老百姓一直把它叫作"皇道"。在隋代时经由赵州桥的这条南北大通道，向南可直达东都洛阳，向北则贯穿涿郡，直通北京城。

当年乾隆皇帝下江南时，三次所走的陆路，都是从赵州桥上经过而南下的。乾隆帝第一次是奉皇太后巡幸中州河洛之地，是为君临嵩岳之行；后两次则是著名的"南巡"之举。乾隆三过赵州，并在柏林禅寺为这块土地留下了可观的诗作和笔墨。

卢沟桥

京西锁钥

　　卢沟桥始建于1189年,坐落在北京西南约15千米处永定河上。大桥全长266.5米,宽7.5米,下分11个涵孔。桥身两侧石雕护栏各有望柱140根,柱头上均雕有卧伏的大小石狮共501个,神态各异,栩栩如生。

　　卢沟桥两旁有281根汉白玉栏杆,每根柱头上都有雕工精巧、神态各异的石狮,或静卧,或张牙舞爪,更有许多小狮子,千姿百态,数之不尽。民间有句歇后语:"卢沟桥的石狮子——数不清。"

　　世界著名旅行家马可·波罗在他的游记中称赞卢沟桥是世界上最好的、独一无二的桥。

神仙老汉帮建卢沟桥

传说很久以前,永定河上没有桥,来往的行人都要坐船过河。在河畔的沿岸住着一个姓卢的青年,靠摆渡为生。

因为他出生时正好赶上永定河发大水,结果把他家门前冲出了一道沟,所以父母就给他起了个名字叫"卢沟"。

卢沟长大后长年在河上摆渡,经常见到河中恶龙闹水,恶龙一闹

北京名胜卢沟桥

■ 北京卢沟桥桥面

起来,行人就无法过河。卢沟后来就琢磨着要想出一个好法子来,既能治住恶龙,又能方便过往的行人。

有一年夏天,又赶上恶龙闹水,卢沟只得收了渡船,在家歇息。这时,来了个老汉要过河,说是有急事,求卢沟无论如何要送他一趟。卢沟无奈,只得硬着头皮撑船下河。

说来也怪,卢沟的小船所到之处,风平浪静,没有一丝浪花,卢沟正在纳闷儿,就听得老汉说:"这河面上要是有座桥,恶龙就不敢这么胡闹了。"

刚说完,老汉就不见了。卢沟愣了一下,接着一个劲儿地揉着眼睛,他心想,是碰见神仙了吧!卢沟听了老汉的话,打这儿以后,一心想着在渡口修座桥。

于是,卢沟每天摆渡完后就到西山去伐树,凑在一堆,就扎成一排顺河放到家门口。就这样,卢沟用了整整一年的工夫,终于在河上架起了一座大木桥。

木桥架好后,乡亲们都挺高兴,可恶龙生气了。

龙 我国古代的神话与传说中,龙是一种神异动物,它具有9种动物合而为一的象,为兼备各种动物之所长的异类。在封建时代,龙是帝王的象征,也用来指至高的权力和帝王的东西:龙种、龙颜、龙廷、龙袍、龙宫等。龙与白虎、朱雀、玄武一起并称"四神兽"。

> **神仙** 我国神话传说中指经过人的不断修炼，不断领悟。心灵境界达到某一种超脱的状态，人的肉体得到了升华。道家指人所能达到的至高神界的人物。

恶龙来到桥下，用自己的身子缠住桥桩用力拉拽，然后再一撞，木桥就被拱倒了。大木头顺水而下，一会儿就没了影。

卢沟看到木桥被毁，非常生气，他决定索性不摆渡了，开始在岸边烧起砖来。他用了3年工夫，又在永定河上修起了一座砖桥。卢沟心想，这下子可不怕恶龙再来拆桥了。

谁知道恶龙又来了，它在桥墩下又撞又晃，桥没倒。恶龙又弓着背往上拱，砖桥吃不住劲了，"轰"地一下倒下了。卢沟这回伤心极了，只觉得眼前一黑，昏了过去。

当卢沟醒来时，他看见那个他曾经送过的神仙老汉正站在他面前。见卢沟睁开眼了，老汉就对他说："好孩子，有志气，让我来帮你建一座大石桥吧！"

说完，老汉就领着卢沟来到西山，指着那些大石头说："你把这些石头凿出810块大方石，140根石柱子吧！"

卢沟拿起老汉给他的大锤和凿子，二话没说就干了起来。老汉指点了几天，见卢沟的手艺练得差不多了，就告诉卢沟凿完后到云水洞去找他，说完就走了。

卢沟没日没夜地干了起来，头碰破了、手震裂了也不停锤，整整干了3年，才准备齐石料。

卢沟又到云水洞去找老汉，老汉告诉他，让他再把洞外的10个山峰削下来，凿成10把石剑。

这活儿可就更难了，卢沟用了足有100天，才凿出10把两面尖尖的大石剑。

当石剑凿好后，老汉这次又告诉卢沟，再凿出

云水洞 是北方最大的溶洞，洞中有山峰12座，有108个自然景观，峰峰神奇俊秀，"中天之柱"是其中的最高峰，海拔达860米，也称"摘星坨"；"擎天玉柱"是高37米的基型石笋，为我国第一大石笋。

■ 卢沟桥美景

■ 卢沟桥风景

永定河 北京最大的河流，海河五大支流之一。上游源于山西宁武的桑干河，在河北怀来的支流源自内蒙古高原的洋河，流至官厅始名永定河，全长650千米，流域面积5.08万平方千米。流经山西、河北两省和北京、天津两市入海河，注入渤海。

490只大小不一的石狮子和四头大象来。

卢沟还是没说二话，干了起来。这次用的时间更长，用了5年时间才把石狮子、石大象凿完。

老汉这次没等卢沟找，他就自己来了。看着卢沟凿出的石料，他满意地笑了，对卢沟说："好孩子，太辛苦你了，要不是我这些年拖累你，你早该成家立业儿女满堂了。不过你干的是件大事，后代儿孙知道了，也会感激你的。你去吧！现在可以建桥了，我太老了，就叫石狮子和石大象去帮助你吧！"

说着，老汉挨个儿拍了拍石狮子和石大象，那些石狮和石大象突然活了，它们帮助卢沟把石料全部运到了永定河边。卢沟喜出望外，连夜指挥石狮和石大象建桥，一夜之间，大石桥就建成了。

卢沟激动得流下了眼泪，当地的百姓们也敲锣打鼓赶来庆贺。那恶龙可气坏了，怒气冲冲地赶到石桥下,使劲用身子缠住桥墩又摇又掀。

恶龙没有想到,这次的桥墩是用石剑做的,一下子刺得它鲜血淋漓,疼得上蹿下跳的,这一下可麻烦了,平坦的桥面被拱弯了。

那490只石狮一看大事不妙,连忙跳上了桥栏杆,压住了桥身。有的跳得慢点,没地方了,只好几只挤在一起。

恶龙的身子被压了下来,可是心里还不服气,它就把身子猛地伸直了往两边撑,就想把石桥头挤掉在水里。石大象一看急了,马上扑上去顶住了桥头。恶龙又气又累,吐了几口黑血,便死去了。

从此以后,这座大石桥就成了拱桥,桥栏上站满了石狮,桥头还有石大象顶住,非常坚固。当时皇帝看了非常高兴,就赐名叫"广利桥"。

可是,人们为了纪念卢沟,都叫它"卢沟桥",并一直流传着。而那位神仙老汉呢?人们都说他就是鲁班爷。

阅读链接

据说从前永定河只有一个渡口,有个姓卢的山西人在渡口附近经商,生意非常兴隆。

有一年秋天,他带着钱财,搭乘田氏的摆渡船准备回老家探亲。谁料田氏见卢氏钱财不少,顿起歹心,将卢氏翻入永定河中淹死了,将银元据为己有,也经起商来。

第二年,田氏生了个儿子,在儿子10岁时,每天要打田氏3个嘴巴,不让打就哭闹不止,田氏十分懊恼,求教于老和尚。

老和尚对田氏说,你这儿子是被你害死的卢氏转世而来的,与你算账来了。

田氏一听,求老和尚开恩救命。老和尚说:"救你不难,只要你把劫走的钱财都拿出来修座桥就可以了。"

田氏连忙请了不少工匠在渡口修起了一座桥。田氏又向老和尚讨教桥名,老和尚微笑着说:"你这是还卢氏的账,我看就叫卢沟桥吧!"

金朝两代帝王令建桥

永定河原名叫"卢沟河",因为水浑浊乌黑,流速湍急,有诗人形容它"其急如箭"。在古代,由于人们以黑为卢,所以卢沟河又叫"黑水河"。

卢沟桥头的华表

■ 卢沟桥水景

卢沟河的河水发于太原的天池，经过朔州、雷山后，合并为桑干河，再汇合成雁门、云中诸水，过怀来，流经石景山地段，土质疏松，携起大量泥沙。

卢沟河再经大兴、东安、武清流入白河，之后也多次改道。北宋文学家苏轼曾在一首诗中说道：

……
盖桑干下流为卢沟，
以其浊故呼浑河，
以其黑故呼卢沟。

那时候，卢沟河水经常泛滥，据史料记载，在1185年5月，卢沟河的上阳村决口。皇帝随即下令，派遣金中都150千米以内的民夫全去堵塞，可惜后来河水又再次决口。

苏轼（1037-1101），北宋时期的文学家、书画家。他一生仕途坎坷，学识渊博，天资极高，诗文书画皆精。其文词开豪放一派，对后世有巨大影响。其书法主要擅长行书、楷书，有天真烂漫之趣。论画主张神似，提倡"士人画"。著有《苏东坡全集》和《东坡乐府》。

■ 卢沟桥的桥墩

河神 由于古代人们对水的破坏和水的祸害无法预见，过度的水涝不仅会吞没一切，还会滋生传染病或地方病。河流，水体，或是与水关系密切的地方，只要与一定数量的人口存在利害关系，就会产生相应的河神。

永定河是北京的母亲河，它孕育了北京城，京城内的水系也得益于它，同时对它的泛滥十分敬畏，历朝历代都想尽了办法治理它。

611年，隋炀帝就派遣了诸将领，在蓟城南桑干河上，建筑了社稷两坛。1161年至1189年建造了卢沟河神庙。1436年至1449年，在堤上建起了龙神庙。

1698年，清圣祖玄烨动用国库资金重建龙神庙，敕封永定河神。河神庙内后殿恭悬皇上御书匾额"永佑安澜"。庙匾额为"南惠济者"。大殿上恭悬着圣祖御书匾额曰"安流润物"。对联为：

巩固藉昭灵，惠同解阜；
馨香凭报祀，济普安恬。

卢沟河在此处也是商旅使者进京往来的重要渡

口。1188年5月，皇帝下令建石桥。但是，桥还没有建成，金世宗便驾崩离世了。

1190年6月，金章宗见行旅中多有体弱多病者，水流又急，随即下命建造舟船，解决人们的交通问题。又施令建造石桥，于是在卢沟河上开始破土动工修建大桥。

1192年3月，大桥建成并投入使用。因为大桥处在卢沟河上，人们又叫它"卢沟桥"。

卢沟桥全长266.5米，宽7.5米，下分11个涵孔，中间大，两边小。桥身两侧石雕护栏各有望柱140根。每根望柱上雕刻着数目不同的石狮。

特别是在栏杆望柱上雕刻的狮子，往往在大狮子的身上又雕了许多小狮子，大的10余厘米，小的仅几厘米。它们三三两两，有的趴在大狮身上，有的伏在背上或头上，有的在大狮身上似在奔跑，有的则在大狮怀里嬉戏，有的只露出了半个脑袋或一张嘴，有的在戏弄大狮的绒头和铃铛等。

由于石狮子的数目众多，在观赏或计数时，稍不留神便会漏掉。明代文人蒋一葵在其《长安客

> **金世宗**（1123-1189），完颜雍，原名完颜褒，金代第五位皇帝。他励精图治，革除海陵王统治时期的弊政。金世宗十分朴素，不穿丝织龙袍，使全国国库充盈，农民过上富裕的日子，天下小康，实现了"大定盛世"的繁荣鼎盛，金世宗也被称为"小尧舜"。

■ 卢沟桥的石狮子

■ 卢沟桥石狮子

话》一书中，曾这样描述其情景：

左右石栏刻为狮形，凡一百状，数之辄隐其一。

明代末期，居京文人刘侗、于奕正在其所著的《帝京景物略》写道：

石栏列柱头，狮母乳，顾抱负赘，态色相得，数之辄不尽。

其实，大部分石狮是后来明清两代的原物，金代的很少，元代的也不多。后来对石狮统计过多次，各有不同。据最后一次统计的结果，共有大小石狮501只。正因为如此，人们面对大桥上的叹为观止的石狮

蒋一葵 字仲舒，号石原，明代江苏武进人。1594年中举人，曾历任官灵川知县、京师西城指挥使，四处访问古迹，并作记录，官至南京刑部主事。作品有《尧山堂外纪》《尧山堂偶隽》《长安客话》。有人称他"其所著撰，琳琅脍炙人口"，是当世负有重名的骚人墨客。

留下了一句歇后语："卢沟桥上的石狮子——数不清。"

一种动物，能变化出500多种神态各异的形象，每只栩栩如生，如此杰作必出自大师之手。卢沟桥不仅造型美观，科学技术含量也很高。10座桥墩建在9米多厚的鹅卵石与黄沙的堆积层上，坚实无比。

桥墩平面呈船形，迎水的一面砌成分水尖。每个尖端安装着一根边长约26厘米的锐角朝外的三角铁柱，抵御洪水和冰块对桥身的撞击，以保护桥墩。人们把三角铁柱称为"斩龙剑"。

桥墩、拱券等关键部位，以及石与石之间，都用银锭锁连接，以互相拉联固牢。这些建筑结构都闪烁着我国先民的智慧与创造。

古代的石桥，一般来说，桥面都要起拱，唯独卢沟桥，平坦笔直卧于河上。世界著名旅行家马可·波罗在游记中称赞："它是世界上最好的、独一无二的桥。"

阅读链接

在明代，宛平城有一位官员对"卢沟桥的狮子数不清"的说法很不以为然。一次，他亲自坐镇桥头派了许多士兵去清点卢沟桥上的石狮。不料，两列士兵数了一遍又一遍，前后的数字却总是对不上。

这位官员很是恼怒，认为是"士兵无能"，他决定亲自弄个明白。待到夜深人静之时，他独自一人再次来到卢沟桥上。此时，天色朦胧尚未大亮，但是桥两边的狮子蹦跳往返，翻滚嬉戏，好不热闹。

此情此景，让这位官员看得目瞪口呆。突然间他好像悟出了一个"数不清"的缘由："啊！这卢沟桥上的狮子原来是活的啊！"

康熙皇帝重建卢沟桥

卢沟桥建成后，成为了京城的西南大门。

1638年，在桥东建造了500多米长的小城。当时正是明代的战乱时期，建此城用以屯兵守卫京城。

那时，因为卢沟桥刚修好不久，有人建议，这里是车马商旅的交

■ 卢沟桥景观

■ 卢沟桥桥面

通要道，应该在河两岸建造房屋，让人居住和看守。

崇祯皇帝说："何必这样？地方衙门可以自己建造嘛！"

左丞相守贞说："那样恐怕被豪强占有，况且商人多停留在河东岸，如果朝廷建，两岸可以对称，也便于观察治理。"

崇祯皇帝听了左丞相守贞的建议，便开始修建此城。崇祯皇帝随即命专人来负责建造此城，说要把此城建成拱卫京都的桥头堡。

小城建好以后，当时取名为"拱北城"。因为拱北城是作为军事设施来建造的，因此它不同于一般县城，人们一般称其为"斗城"或"卫城"。

拱北城原是明代顺天府下辖的京城附郭县之一，后来改称为"拱极城"，当时的拱极城也一直作为军营屯兵之所。拱极城内，路东有观音庵，路西有

崇祯皇帝（1611-1644），明思宗朱由检，庙号思宗，后改毅宗、怀宗，明代第十六位皇帝。他是一位年轻有为的皇帝，但由于内忧外患太多最终导致明朝解体，也成了明代最后一位皇帝。

康熙皇帝（1654—1722），清圣祖仁皇帝爱新觉罗·玄烨，清代第四位皇帝、清代定都北京后第二位皇帝。年号康熙，取万民康宁、天下熙盛的意思。在位61年，是我国历史上在位时间最长的皇帝。他是我国统一的多民族国家的捍卫者，奠定清代兴盛的根基，开创出康乾盛世的大局面。

■ 康熙重修卢沟桥碑

兴隆寺。

拱极城城外因为有卢沟桥，这里商旅兴盛，人员密集，过往卢沟桥的人与车马从此络绎不绝，这就大大增加了卢沟桥的负荷。长此以往，卢沟桥就破损了。

至清代时，金代所建的卢沟桥已经不能使用了，康熙皇帝就下令重新在卢沟河上建造一座桥。

他励精图治，亲自冒着寒风用仪器测量河床，又亲自指挥和监督施工，修筑河堤，定方向，钉木桩，施丈量，用石堤，固水涮沙，用莽牛河水冲刷浑河泥沙。他还让河兵在堤岸两边大植柳树，保持水土。

排桩防水，按比例绘图，修成水坝、石闸，加固堤防。在组织上设立河兵建制，平时维护，在康熙皇帝精心治理永定河的情况下，从1698年后30年里未有大的水患。

康熙帝带领大家挑挖新河，防淤塞，还采取了与民有利的措施，施行雇募民工的办法，改强制无偿劳役为雇募，给民工一定的报酬。

康熙还从国库直拨经费治河，并由直郡王允祉领八旗属下步军千人治河修桥。

在康熙的努力下，永

■ 卢沟桥上的石狮子

定河泥沙减少，河道通畅，这既减少了大水对卢沟桥的冲击，也减少了泥沙对桥墩的侵蚀，这一行动大大保证了新修卢沟桥的安全。

从1692年至1722年的30年间，康熙皇帝直接参与了对永定河的治理，并于1698年赐名"永定河"，而后一直沿用。

在康熙之后，也有人为卢沟桥的修缮工作费心不已。有个著名的廉洁小吏，名叫徐淡，他虽然不是很出名，但因为其廉洁捐银修桥的行为，也被记录在卢沟桥的修建历史上。

徐淡年少时，经常看到人民饱受苦难，早早就下定决心发奋读书，立志长大做个爱民、为民做实事的好官。但是科举仕途他没有走通，最终还是因为他具

八旗 清代满族的皇家士兵的组织，于1601年正式创立，初建时设四旗：黄旗、白旗、红旗、蓝旗。后将四旗改为正黄、正白、正红、正蓝，并增设镶黄、镶白、镶红、镶蓝四旗，合称八旗，统率满、蒙、汉族军队。

有真才实学和优良品性，在清代嘉庆年间被推荐出任了大名府通判一职。

徐淡到任不久，曾有人将12000两银子送到他面前。他这个刚上任的新官头一次见到这么多银子，一时惊得目瞪口呆。徐淡把银子拿在手中掂了一掂，这么多银两要搜刮多少地皮呢？他决定把银子退回去。

徐淡的这一举动引来了街谈巷议，并很快传入了京城。吏部知道了这件事，嘉庆皇帝下诏书褒扬徐淡，号令各地官员学习徐淡为官清廉和忧国忧民的优良品德。

徐淡为官20年不光为官廉洁，而且还捐出了自己的很多银子，都用在修建卢沟桥上了，卢沟桥上的狮子，有很大一部分是徐淡捐资修建的。

因此，当地有人说："卢沟桥上数百个石狮子可以作证，徐淡称得上是个清正廉明的好官。"

阅读链接

在很久以前，从山东来了个枣贩子，他经过卢沟桥时，看见桥上那么多的石狮子。他想数一数有多少只，然后就开始从西数至东，又从东数至西，可是怎么也数不清。

同行的伙计告诉他，卢沟桥的狮子数不清是由来已久的，劝他别再费力气了。

可这枣贩子生性倔犟，越劝越来劲儿，偏要赌这口气不行。他还真有主意，从枣筐里数出一大堆枣来，然后开始数狮子，见一个石狮子就往狮子嘴里塞一个枣。

可是数来数去，总是看到有的狮子嘴里没有枣。他就又数出一堆枣来，继续数狮子，可数了一天，枣贩子的枣筐见底儿了，石狮子也没数清，最后只得死了心，垂头丧气地离开了卢沟桥。

乾隆皇帝与卢沟晓月

从前，卢沟桥这地方十分荒凉，桑干河一片浑浊，号称"小黄河"，时常泛滥。可是自从有了卢沟桥，河水变清了，人们说这桥有灵气，就把它说成了"神桥"。

永定河上的卢沟桥

八抬大轿 古代轿子在形制上有规定。例如在清代初期亲王坐的轿子是银顶黄盖红帏。三品以上大官虽可用银顶，皂色盖帏，四品以下只准乘锡顶、两人抬的小轿。在京城内4个人抬，出京用8人。所以叫"八抬大轿"。

但当地人说，卢沟桥的神奇还不在这里，在于这里的月亮比别的地方出得都早。

别处农历初一、初二就看不见月牙，但卢沟桥农历每月三十那天晚上就能看见月亮了。

在大年三十夜里，这里的月亮更是非常神奇，一到五更，东南方向就衬出一弯明月，并渐渐上升，那弯明月照得桥身通亮，连桥上的石狮子都能看得一清二楚。

但是，相传这种情景只有两种人可以看见，一种是15岁以下的童男童女；另一种是"大命之人"。

后来，民间的传说被乾隆听到，他就决定亲自去察看一番。

乾隆皇帝自年轻时就是个好游山玩水的人，他几次下江南时都要从这桥上路过，可是就没有看见过这种奇景。

■ 卢沟桥石雕

■ 乾隆皇帝重修卢沟桥碑

但自从听说卢沟桥上空的月亮有这么神，又觉得自己是大命之人，就打算专程前去瞧瞧。

这一天，正好是大年三十的晚上，乾隆认为这可是到卢沟桥看月亮的好时候。于是，他就叫人预备八抬大轿，说是要上卢沟桥。

这时宫里正忙着过年，一听皇上要上卢沟桥，大家都愣住了。

按照老规矩，这天无论是谁都不能离开皇宫。皇上怎么突然提出来要上卢沟桥呢？可是皇上下了命令，谁敢说个不字呢？

大家只得照办。于是，朝中的护卫等人就用八抬大轿把乾隆抬到了卢沟桥。

卢沟桥当时归属于宛平县管辖，而此时的宛平县县令正在忙着过年，一听说皇上驾到，吓出一身冷汗，赶紧点了灯笼、火把，列队迎接。

灯笼 我国的灯笼又统称为灯彩，起源于西汉时期，每年的农历正月十五元宵节前后，人们都挂起象征团圆的红灯笼，来营造一种喜庆的氛围。后来灯笼就成了喜庆的象征。经过历代灯彩艺人的继承和发展，形成了丰富多彩的品种和高超的工艺水平。我国的灯笼综合了绘画艺术、剪纸、纸扎、刺缝等工艺，以宫灯和纱灯最为著名。

紫禁城 指明清两代24个皇帝的皇宫。明代第三位皇帝朱棣在夺取帝位以后，决定迁都北京，即开始营造紫禁城宫殿，至1420年落成。依照我国古代星象学说，紫微垣，即北极星位于中天，乃天帝所居，天人对应，是以皇帝的居所又称"紫禁城"。

天刚擦黑，京城的鞭炮声就响成一片了，处处呈现出一派欢乐祥和的景象。乾隆皇帝带领一千人马，出紫禁城西行，再往南到宛平城的卢沟桥。

乾隆下了轿二话没说直奔卢沟桥，人们也都跟随着上去了。等到了桥头，乾隆皇帝使劲朝东南方向张望，可看了半天，只见满天的繁星点点，却不见半点月亮的影子，更别说把卢沟桥照得通亮了。

乾隆此时感觉非常扫兴，询问左右："我怎么看不见月亮呢？"

左右也不知缘由，只好上前瞎说一气。有的说，灯笼、火把多，所以才看不清楚。

乾隆一听，觉得这话有理，立即下令把所有的灯笼、火把吹熄。顿时，卢沟桥变得一片漆黑，只有一片寒星照着卢沟的河水。

乾隆又使劲望了望，还没瞧见。他心里急起来，

■ 卢沟桥美景

■ 卢沟晓月记事碑

叫来宛平县令,大声斥责道:"你这个官是怎么当的?这卢沟桥不是三十晚上出月亮吗?"

县令连忙说:"是,是!"

"那为什么看不见?"

"小的也只是听别人说,这月亮只有大命之人才能看得见。"

乾隆心想,我是一朝天子,难道还不是"大命之人"吗?怎么我看不见呢?

可转念又一想,我大年三十跑到这儿来看月亮,如果说看不见,传出去岂不被天下人耻笑?

想到这里,他对随从们说:"你们都退下,让我仔细看看。"

随从退下后,乾隆一个人站在桥上使劲看起来。

看着看着,就觉得眼前一亮,一弯明月挂在东南的天际,整个桥身也立刻变得通亮了。

县令 古代官名,起于战国时期,秦代及三晋时期县的长官均称为令。古时候管理一县的县官,在周朝时称为县正,春秋时期则称为宰、尹、公等。秦汉时期,县拥有万户以上者称"县令"。

笔砚 笔指毛笔，是一种源于我国的传统书写工具，也逐渐成为传统绘画工具。砚也称"砚台"，在"笔墨纸砚"的排次中位居殿军，但却居领衔地位，所谓"四宝"砚为首，这是由于它质地坚实，能传之百代的缘故。

乾隆急忙叫随从近身来看，大家顺着乾隆手指的方向，看得眼睛都酸了，也没有看见月亮。有的随从便说："我们是凡夫俗子，没有这个眼福啊！"其他人也跟着附和着。

乾隆听了特别高兴，觉得自己的确是大命之人。随后，他吩咐说："给我预备笔砚，我要赋诗。"

宛平县令急忙令人抬出雕漆书案，呈上文房四宝，灯笼火把立刻点亮。

乾隆坐在那里沉思，一会儿吟诵道：

河桥残月晓苍苍，照见卢沟野水黄。
树入平郊分淡霭，天空断岸隐微光。

■ 蓝天下的卢沟桥

■ 卢沟桥桥面

乾隆想从中找点儿比较好的句子,可是吟来吟去,都不满意。

这时,有一个臣子说:"陛下,臣知道明代文学家徐渭有一首《竹枝词》,不知可用否?"

乾隆说:"讲来。"

这位臣子放声吟道:

> 沙浑石涩夹山椒,
> 苦束桑干和一刀。
> 流山卢沟成大镜,
> 石桥狮影浸拳毛。

乾隆没听完就摇了摇头。他觉得徐渭这首诗写得太凄凉了,应该写出这卢沟幽美的月色。

徐渭(1521—1593),明代的文学家、书画家、军事家。在诗文、戏剧、书画给当世及后代留下了深远的影响。他的诗,被尊之为明代第一,他的戏剧,受到汤显祖的极力推崇,至于绘画,他是我国艺术史上成就突出的人物之一。

吏部 我国古代官署。吏部掌管全国官吏的任免、考核、升降、调动等事务。下设四司：明清为文选清吏司、验封司、稽勋司和考功司。文选清吏司掌考文职之品级及开列、办理月选。验封司掌封爵、世职等事务。稽勋司掌文职官员守制、办理官员之复姓等事。考功司掌文职官之处分及议叙，办理京察大计。

另有一个翰林看出了乾隆的心思，上前说："臣有几句不知如何？"

乾隆说："讲。"

翰林吟道：

霜落桑干水未枯，晓空云尽月轮孤。
一林灯影稀还见，十里川光澹欲无。

乾隆一听，连说："好！好！"他当即想了一下，随后提起笔来，挥毫写下了4个大字——"卢沟晓月"。

众人一看，齐声喝彩，宛平县令急忙吩咐刻碑。就这样，一通"卢沟晓月"的石碑就立在卢沟桥头了。后来，"卢沟晓月"也就成了卢沟桥的美称而出了名。

■ 卢沟桥的抱柱石

"卢沟晓月"碑刻

好一个"卢沟晓月"！它勾勒出这样一种意境：桥下流水潺潺，桥上行人流连，近处杨柳拂堤，远处山峦连绵，一轮明月在淡淡的晨雾中时隐时现……

抑或是另一种意境：羁旅、过客、晓风、残月，淡淡的离愁别绪，剪不断，理还乱，不需浓墨重彩就赚足了才子佳人的眼泪。

据说过了几年后，乾隆皇帝又来到卢沟桥赏月，当时是夏天，吏部尚书刘镛陪同乾隆爷到南苑海子墙里打猎。

回来时，乾隆说："朕好长时间没去卢沟桥了，趁着天还早，咱们绕远点走一趟吧！"

于是，乾隆皇帝和刘墉及护卫随从等一帮人骑着马，带着猎物，顺着东河堤来到卢沟桥的龙王庙行宫。

刘墉（1719-1804），字崇如，号石庵，另有青原、香岩、东武、穆庵、溟华、日观峰道人等字号，清代书画家、政治家。乾隆十六年进士，做过吏部尚书，体仁阁大学士。他兼工文翰，博通百家经史，精研古文考辨，工书善文，名盛一时。著有《石庵诗集》刊行于世。

吃过晚饭，天气特别闷热，乾隆漫步来到卢沟桥的东桥头乘凉。

他说："朕前几年路过这里，当时正值初月，仰望蓝天，疏星淡月，远眺河水如带，西山时隐时现；俯桥眺水，月光照在水面，像镜子一样明亮，真好似身临仙境。朕触景生情，写了'卢沟晓月'诗。等一会儿月亮出来，朕要再写一首夏季美景、咱们君臣乘凉的诗！"

说完，乾隆便触景生情作了一首诗：

茅店寒鸡咿喔鸣，曙光斜汉欲参横。
半钩留照三秋淡，一蝀分波夹镜明。
入定衲僧心共印，怀程客子影犹惊。
迩来每踏沟西道，触景那忘黯尔情。

随从的大臣纷纷叫好。前来接驾的宛平县令赶紧接着说："凡是从这儿经过的文人墨客，看到万岁爷的诗，一定都会赞叹写得景美情深，真是诗中极品啊！"

阅读链接

金章宗完颜璟走遍了京城的好山好水，他开发了京城的许多景观。比如金代的燕京八景：居庸叠翠、玉泉垂虹、太液秋风、琼岛春阴、蓟门飞雨、西山积雪、卢沟晓月、金台夕照。

北京史志文献资料集《日下旧闻考》记载："自金明昌中始有燕山八景之目，元明以来，著咏颇多。"

北平旧志也记载："金明昌遗事有燕京八景，元人或作为古风，或演为小曲。"可见燕京八景对后世的深远影响啊！

卢沟桥地域人文风情

卢沟桥历经数百载仍然屹立在永定河上,这简直是个奇迹,历史上有许多讴歌卢沟桥的诗,为卢沟桥留下了不朽的人文风情。

金代礼部尚书翰林学士赵秉文的一首《卢沟》这样写道:

河分桥柱如瓜蔓,路人都门似犬牙,
落日卢沟沟上柳,送人几度出京华。

历史悠久的卢沟桥

雉堞 古代城墙的内侧叫"宇墙"或"女墙",而外侧则叫"垛墙"或"雉堞",是古代城墙的重要组成部分。它是指古代城墙上掩护守城人用的矮墙,也泛指城墙。

单以晓月形容卢沟桥之美,据说是另有原因:每当旧历的月尽天晓之时,下弦的钩月在别处还看不分明,如有人到此桥上,就会率先看见月亮的清辉。

"一日之计在于晨",何况是行人早早出发。朝气清新,烘托着勾人思感的月亮,以及上浮青天,下嵌白石的巨桥。京城的雉堞若隐若现,西山的云翳似近似远,大野无边,黄流激奔。

这样的情景,这样的色彩,这样的地点与建筑,不管是料峭的春晨,还是凄冷的秋晓,景物虽然随时有变。但若无雨雪的降临,每月末五更头的月亮、白石桥、大野、黄流,总可凑成一幅佳画,飘浮于旅行者的心灵深处,生发出无尽的美感。

13世纪时,世界著名旅行家马可·波罗跟随父亲和叔叔途经中东,历时4年来到中国。据说此次来中

■ 卢沟桥雪景

■ 卢沟桥桥面

国,马可·波罗曾经到访过卢沟桥,并写下了对卢沟桥的赞美之词。

据说当时马可·波罗来到我国后,元世祖忽必烈十分欣赏这个勇敢的年轻人。那一年的春天,百花齐放,阳光明媚。

有一天,忽必烈召见马可·波罗,十分认真地说:"马可·波罗,我想派你到云南去,一路看看地方风光,了解民情风俗,有什么奇闻或风吹草动,就立即向我报告。"

马可·波罗接旨以后,准备好行装,第二天一早,他就出发了。

走出大都城,经过永定河上的一座石桥。在桥头,这位探险家站立良久。

他赞叹道:"啊,多美的石桥!它简直是世界上最好的石桥。那么宽,可以容下10个人骑马并肩前

旨 本为意见,上下均可通用。宋代以后专指皇帝的命令。明代王在晋《三朝辽事实录·袁可立题叙毛文龙奇捷疏》记载:"行巡按御史覆勘,再为议序以候俞旨施行。"皇帝下的是圣旨;皇后妃子下的是懿旨;其他人是令。

行。它是那么长,足有300多米!24个桥拱,25座桥墩。造桥的技术真是无与伦比!"

马可·波罗所说的石桥,便是卢沟桥。这座石桥能够赢得这位探险家的赞叹,说明建造石桥的工艺在当时已经十分先进。

元代诗人陈孚在《卢沟晓月》中写道:

> 长桥弯弯抵海鲸,河水不溅永峥嵘;
> 远鸡数声灯火杳,残蟾犹映长庚月。
> 道上征车铎声急,霜花如钱马鬃湿;
> 忽惊沙际影摇金,白鸥飞下黄芦立。

元代有一幅《卢沟伐木图》,把当时卢沟河畔茶肆酒馆、客商旅店的繁华以及策马驱车、步行担担、

> **陈孚** 元代学者。浙江省临海县白水洋镇松里人。讲学于河南上蔡书院,为山长,曾任国史院编修、礼部郎中,官至天台路总管府治中。诗文不事雕琢,纪行诗多描摹风土人情,七言古体诗最出色,著有《观光集》《交州集》。

■ 卢沟桥的狮子

风尘仆仆的景象描绘得淋漓尽致。

在卢沟河畔留宿的客人一觉醒来，发现鸡已经叫了三遍，洗漱后又踏上了新征程。

首先看到的是晓月当空，东方露出鱼肚白色，天空残月倒挂，大地似银，卢沟桥上月如霜，此时才真正体会到了"卢沟晓月"的美妙。

明代张元芳的《卢沟晓月》诗也很有代表性：

■ 卢沟晓月石碑

禁城曙色望漫漫，霜落疏林刻漏残；
天没长河宫树晓，月明芒草戍楼寒。
参差阙角双龙迫，迤逦卢沟匹马看，
万户鸡鸣茅舍冷，遥瞻北极在云端。

卢沟桥修建以后极大地方便了人们的出行，特别是在元朝定都北京后，卢沟桥的作用更加明显了。

卢沟桥已经成为当时北京通往西南的必经之道。因此，很多当时在北京生活过的人，也都曾经过了卢沟桥。

元代诗人张野填了一首《满江红·卢沟桥》的词：

半世干忙，漫走遍，燕南代北。
凡几度、马蹄平踏，卧虹千尺。

张元芳 字宗五，祖籍南京，明初迁居太原府阳曲县。自幼受到良好教育，素怀大志，胸有韬略。1680年，奉命出征，收复海坛、夏门等各处海岛，身先士卒，威震敌军，立下了汗马功劳。在巩固西北边防，与民休养生息中鞠躬尽瘁，死而后已，贡献了毕生精力。

杨荣（1371—1440），明代首辅，其性警敏通达，善于察言观色。他既以武略见重，又有文才，据《明史·艺文志》记载，其著作有《训子编》一卷、《北征记》一卷、《两京类稿》30卷、《玉堂遗稿》12卷。

眼底关河仍似旧，
鬓边岁月还非昔。
并阑干，唯有石狻猊，曾相识。

桥下水，东流急。
桥上客纷如织。
把英雄老尽，有谁知得？
金斗未悬苏季印，
绿苔空渍相如笔。
又平明、冲雨入京门，情何极。

明代的杨荣不仅是一代政治家，还是一个有名的诗人。有人评价道："杨荣的诗文雍容平易，很像他的为人。"他曾经多次到访过卢沟桥，并写下了《卢沟桥北上》，诗曰：

■ 卢沟桥的石雕

■ 卢沟桥石雕

河声流月漏声残，咫尺西山雾里看。
远树依稀云影澹，疏星寥落曙光寒。
石桥马迹霜初滑，茅屋鸡鸣夜可阑。
北上以着双阙近，五云深处是金銮。

明代的顾起元，是应天府江宁人，字太初。1600年戊戌科考中探花，官至吏部左侍郎。这位探花出身的吏部侍郎，并不贪恋虚华。对于学问文章，他所持态度也是一丝不苟，他先博览群书，而后提笔作文。

顾起元曾经多次游览过卢沟桥，并写下了《卢沟桥》，诗写道：

西山笼雾晓苍苍，一线桑干万里长。
最是征夫望乡处，卢沟桥上月如霜。

诗人在前两句交代了卢沟桥所处的地理方位，同时，还用了两句诗给卢沟桥定下了苍凉的基调。诗的

顾起元 明代官员、金石家、书法家。官至吏部左侍郎，兼翰林院侍读学。退后，筑遁园，闭门潜心著述。朝廷曾7次诏命为相，均婉辞之，卒谥文庄。著有《金陵古金石考》《客座赘语》《说略》等。

最后一句用卢沟桥上的月光含蓄地表达了月光下征夫的望乡之情。

清代的乾隆帝曾到过卢沟桥，并写有《过卢沟桥》一诗：

> 薄雾轻霜凑凛秋，行旌复此渡卢沟。
> 感深风木睽逾岁，望切鼎湖巍易州。
> 晓月苍凉谁逸句，浑流萦带自沧州。
> 西成景象今年好，又见芃芃满绿畴。

卢沟晓月，不知倾倒了多少文人墨客和英雄豪杰。历来的名胜古迹都离不开名人，作为古代都城北京南部出城的交通要道，卢沟桥也自然吸引了许多名人的到访。

到访过卢沟桥或者与卢沟桥有关的名人很多，这些名人或修缮过卢沟桥，或给卢沟桥写诗著文，他们的行为大大丰富了卢沟桥的文化内涵。

卢沟桥自古以来，吸引了大量的文人墨客为其挥毫泼墨。卢沟桥的确是一座闻名中外的古代桥梁，除了它建筑工程的巨大和工艺技巧的高超，都是历史所罕见之外，它也为社会留下了许多美丽的传说和人文气息。

阅读链接

传说永定河里有个铜帮铁底，是由龙王三公主为父王排忧解难而造的。三公主发动宫女编织铜网、铁网，并用织成的铜网把两岸的河堤保护起来，把织成的铁网铺在河底以防大水冲刷，这就是后来人们传说的铜帮铁底。

龙宫厚道孝顺的四太子、五太子，连连说自己也要为父王分忧。于是，每到汛期，他兄弟俩自动趴在桥孔处吸水保桥。因此，后来桥孔一直有两个龙头在吸水呢！

从此，永定河两岸再没有大的水患了！

情人之桥

断桥

早在唐代，断桥就已建成，唐代人张祜《题杭州孤山寺》诗中就有"断桥"一词。

断桥位于浙江省杭州西湖的白堤东端，它是拱形独孔环洞石桥，长8.8米，宽8.6米，单孔净跨6.1米，保有古朴淡雅的风貌。

桥东堍有康熙御题景碑亭，亭侧建水榭，题额"云水光中"，青瓦朱栏，飞檐翘角，与桥、亭构成西湖东北隅一幅古典风格的图画。

在西湖古今诸多大小桥梁中，断桥名气最大，"断桥残雪"是西湖十景之一，断桥也被誉为"西湖三大情人桥"中最著名的一座。

神仙助段家夫妇修桥

西湖断桥，最早也叫"段家桥"。之所以被称为段家桥是因为传说此桥是一对段家夫妇所修。

相传在很久以前，西湖白沙堤，从孤山蜿蜿蜒蜒到这里，只有一座无名小木桥，小木桥与湖岸紧紧相连。行人路过这里，到孤山的那边去经商、游玩，都要经过这座小木桥。日晒雨淋，桥板经常被踩得

■ 杭州西湖断桥

■ 西湖断桥远景

烂掉，行人十分不便。

在小木桥的旁边有一间简陋的茅舍，里面住着一对姓段的夫妇。他们两人手脚勤快，以捕鱼、摆酒摊维持生计。但因酒味不佳，顾客很少，生意清淡。

一天晚上，夫妇俩刚要关门，忽然来了一个白发老人。老人说远道而来，身无分文，求留宿一夜。

段家夫妇热情地留他住下，还烧了鲤鱼，打上土酒，款待老人。老人连饮3碗，便呼呼入睡了。

第二天白发老人临别时，给了段家夫妇3粒红红的酒药，这药酒使段家酿出来的酒，甜醇无比，香气袭人。从此以后，天天顾客盈门，都为此酒而来。

段家夫妇见生意兴隆便拆掉了茅舍，盖起了酒楼。而且还专门积蓄了一笔钱，准备好好答谢白发老人。白发老人没有收下钱，只是告诉段家夫妇，把钱用在最要紧的地方，便向小桥走去。

段家夫妇将钱收起来，站在门口目送老人离开，不料老人刚跨上小木桥，脚下一滑，桥板断了，老人

西湖 西湖拥有三面云山，一水抱城的自然风光。云山秀水是西湖的底色，山水与人文交融是西湖风景名胜区的格调。西湖之妙，在于湖裏山中，山屏湖外，湖和山相得益彰；西湖的美，在于晴中见潋滟，雨中显空蒙，无论雨雪晴阴都能成景。

也跌进了湖里。夫妇俩跑去相救，却看到白发老人自立于湖面，微笑着向他们挥手呢！然后，老人忽然就消失了。

段家夫妇这才知道，白发老人原来是个神仙。两人想起老人临别说的话，计划将断掉的小木桥修建成一座石拱桥，以方便来往行人。

段家夫妇用自己的钱在桥断的地方修起了一座青石拱桥。从此，人们再不怕桥断了。当地人们为了怀念段家夫妇的善行，便把桥称为"段家桥"。后来，因为"段""断"同音，便被称为"断桥"。

关于断桥的起源，人们还有的说是每当瑞雪初霁，站在宝石山上向南眺望，西湖银装素裹，白堤横亘雪柳霜桃。

断桥的石桥拱面无遮无拦，在阳光下冰雪消融，露出了斑驳的桥栏，而桥的两端还在皑皑白雪的覆盖下。依稀可辨的石桥身似隐似现，而涵洞中的白雪熠熠生光，与桥面灰褐形成反差，远望去似断非断，故称"断桥"。

还有另一种说法更有意境，因为《白蛇传》中相传许仙和白娘子缘起于此，所以名为"断桥"。

阅读链接

断桥上流传着许仙和白娘子的动人爱情故事，也因为这个故事让断桥成为西湖上最著名的桥。

白娘子原本是山野中修炼的一条小白蛇，有一天，小白蛇被一个捕蛇老人抓住了，差一点遭遇杀身之祸，幸亏被一个小牧童所救。

经过1700年的修炼，白娘子终于化作人形，经观音菩萨的点化，来到杭州西湖寻找前世救命恩人小牧童……

清明佳节，烟雨蒙蒙，观音说"有缘千里来相会，须往西湖高处寻"。在杭州西湖的断桥上，白娘子终于找到了前世的救命恩人许仙，以身相许，结为夫妻。在经历水漫金山之后，又是在断桥邂逅重逢，再续前缘。

西湖断桥的历代美誉

段家夫妇的修桥事迹被广为流传,其实真正的断桥位于杭州市西湖白堤的东端,它背靠宝石山,面向杭州城,是外湖和北里湖的分水点。

白堤全长1千米,东起断桥,经锦带桥而止于平湖秋月。白堤横亘在西湖之上,它把西湖划分为外湖和里湖,并将孤山和北山连接在

西湖断桥

张祜（约785－约852），字承吉，贝州清河人，唐代著名的诗人。出生在清河张氏望族，家世显赫，被人称作"张公子"，有"海内名士"之誉。张祜的一生，在诗歌创作上取得了卓越成就。《全唐诗》收录他的诗歌约349首。

一起。

白堤在唐代原名白沙堤，宋代又叫"孤山路"。明代堤上广植桃柳，又称"十锦塘"。堤上内层是垂柳，外层是碧桃。

由于断桥背城面山，正处于外湖和北里湖的分水点上，视野开阔，是冬天观赏西湖雪景最佳处所。古代文人也自然少不了对断桥美景的描述。

最早记载"断桥残雪"的是唐代的张祜，他的《题杭州孤山寺》中写道：

楼台耸碧岑，一径入湖心。
不雨山长润，无云水自阴。
断桥荒藓涩，空院落花深。
犹忆西窗月，钟声在北林。

张祜诗中的一句"断桥荒藓涩"，从中可以知道

■ 西湖断桥风景

西湖断桥

断桥是一座苔藓斑驳的古老石桥。大雪初霁，原来苔藓斑驳的古石桥上，雪虽残而未消，难免有些残山剩水之感，于是就拟出了"断桥残雪"这一西湖难得的景观。

关于断桥的诗篇有很多，据明代散文集《西湖游览志》所说，断桥在元代并不这么称呼，因为此桥是桥畔住着的一对以酿酒为生的段姓夫妇所建，所以称为"段家桥"。

地处江南的杭州，每年雪期短促，大雪天更是罕见。一旦银装素裹，便会营造出与常时、常景迥然不同的雪湖盛况。

所以后来的断桥残雪成了著名的西湖十景之一，是西湖冬季的一处独特景观。

每当瑞雪初晴，如站在宝石山上眺望，桥的阳面已冰消雪化，所以向阳面望去，"雪残桥断"，而桥的阴面却还是白雪皑皑。

来至断桥上往西，往北眺望，孤山、葛岭一带楼台上下，如铺琼砌玉，晶莹朗澈，有一种冷艳之美。故从阴面望去，"断桥不断"。

后来断桥改建，桥东有"云水光中"水榭和"断桥残雪"碑亭。

最后一次重建后的拱形独孔环洞石桥，长8.8米，宽8.6米，单孔净跨6.1米，虽曾大修，但古朴淡雅的风貌基本未变。

西湖断桥景色

桥东堍有清代康熙御题景碑亭，亭侧建水榭，题额"云水光中"，飞檐翘角，与桥、亭构成西湖东北隅一幅古典风格的图画。

断桥残雪景观内涵说法不一，一般指冬日雪后，桥的阳面冰雪消融，但阴面仍有残雪似银，从高处眺望，桥似断非断。每当大雪之后，红日初照，桥阳面的积雪开始消融，而阴面还是铺玉砌玉，远处观桥，晶莹如玉带。

伫立桥头，放眼四望，远山近水，尽收眼底，给人以生机勃勃的强烈而深刻的印象，是欣赏西湖雪景之佳地。断桥残雪是西湖难得的景观，"西湖之胜，晴湖不如雨湖，雨湖不如月湖，月湖不如雪湖。"

阅读链接

断桥是西湖中最出名的一座桥，是西湖三大情人桥之一。它的名字与我国民间故事《白蛇传》中缠绵悲怆的爱情故事联系在一起。

白娘子与许仙相识在此，同舟归城，借伞定情；后又在此邂逅，言归于好。

越剧《白蛇传》中白娘子唱道："西湖山水还依旧……看到断桥桥未断，我寸肠断，一片深情付东流！"历来催人泪下，让人闻听此桥都能产生无尽的追思。

最古跨江桥 铁索桥

最古老的铁索桥算是盘江铁索桥、四川泸县的铁索桥和关岭花江铁索桥。

盘江铁索桥修建于1631年,由贵州按察使朱家民倡议建铁索桥,便铸了大铁链数十条横贯于两岸岩石间。

四川泸县的铁索桥位于四川省西部的大渡河上,是一座由清代康熙帝御批建造的悬索桥。铁索桥又名"泸定桥"。泸定桥开始修建于1705年9月,于1706年4月建成。

花江铁索桥位于安顺关岭的北盘江上,古为黔滇交通枢纽。此桥扣挂两山之间,由14根铁链串缀而成,每根由262个环链组成。

铁索桥的建造传奇

铁索桥景色

在很早的时候，在四川泸县大渡河这个地方，藏族和汉族的人们经常将货物运到大渡河的对岸进行交易，但那时渡口没有桥，全靠渡船或通过撞来转渡。

一旦不能及时渡河，大渡河两岸经常货物堆积如山，一些鲜活食品，因无法过河而腐烂，而且后来人来人往的商人也越来越多，在这里一度形成了梗阻。

1705年，康熙皇帝为了解决通往藏区道路上的梗

■ 泸定桥远景

阻,随即招来泸县县令,并下令在大渡河上修建一座桥梁。因为渡河之上到处都是悬崖峭壁,无法修建石桥。所以能工善建者建议,在这个地方修建一座铁索大桥。

建筑的工匠们便筑造了13根碗口粗的铁链,准备架于桥上,每根铁链的重量约为2.5吨,由890个扁环左右扣联在一起。

但是在这样一个高崖之上,下面又是波涛汹涌的大渡河,怎样把这么沉重的铁链拉过河铺成铁索桥呢?工匠们个个都感到很为难。

其实在修建此桥时,四川泸定周边的荥经、汉源、天全等县的能工巧匠都云集在这里,一起商量牵链渡江的方法。

几十个工匠想了三天三夜,最后采用了索渡的原理,即以粗竹索系于两岸,每根竹索上穿有十多个短

撞 原始渡河工具,即指溜索。用两条或一条绳索,分别系于河流两岸的树木或其他固定物上。一头高,一头低,形成高低倾斜。溜索不仅可以溜渡人,而且还可以溜渡货物、牲畜等。

■ 泸定铁索桥

碑记 又称"碑志",是古代文体的一种。碑记一般是指刻在墓碑上,用于叙述死者生前的事迹,评价、歌颂死者功德的碑文。碑指碑铭,志指墓志铭。

竹筒 由生活器具演变而来。流行于云南省思茅地区、西双版纳傣阿嘎族自治州和红河哈尼族彝族自治州等地。指用竹筒为器皿,再经烤、烧、蒸、炖等将食物致熟的烹调方法。

竹筒,再把铁链系在竹筒上,然后从对岸拉动原已拴好在竹筒上的绳索,如此巧妙地把竹筒连带铁链拉到了对岸。

后来工匠们又在铁链之上铺木板形成桥面,桥之两侧各悬两根铁链作为扶栏。桥的两端,各有一座20米高的桥台,内置若干铁桩,13根铁链铆定其上。桥台自重作为压重,承受铁索的巨大压力。

大桥的桥西桥头堡的地下,也是这座铁索大桥的关键部位所在。桥头堡的基面以下是落井,埋有生铁铸造的地龙桩和卧龙桩,并以铁链锚固。地龙桩的重量有9吨,也正是由它才能撑起了这座桥。

大桥的东西两端分别铸有铁牛、铁蜈蚣,表达了人们镇服"水妖"、铁桥永固的美好愿望。

经过一年的修建,大桥终于建成使用了。

因为那个时候大渡河被称为"沫水",可是康熙皇帝误以为是"泸水",然后当时也是在国内刚刚平复了一场风波,所以有平定之意,于是就决定取名"泸定河"。

而且康熙皇帝在大桥建成后,来此桥参观,在桥上御笔亲书"泸定桥"三个大字,并立碑于桥头,上面题有碑记。

建成后的泸定桥全长103.67米,宽3米,桥面距枯水位14.5米,由桥身、桥台、桥亭三部分组成。全桥共用铁索链13根,其中9根用作承重底索,上覆横纵木板作为桥面,可通行人、畜;4根用作扶手,布置在桥面两侧。

泸定桥的桥身由13根铁链共有12164个铁环相扣。由于泸定桥全身是用铁索架构而成,故又称为"铁索桥"。

泸定桥建成后便成为连接藏汉交通的纽带,泸县也因此而得名。泸定桥位于四川西部的大渡河上,唯一由清代康熙帝御批建造的悬索桥。

像泸定桥这样蔚为大观的独特风貌也是我国所独有的,它被称为

泸定铁索桥

古代历史上最古老的铁索桥。

其实在盘江还有着一座年代比泸定桥更古老的铁索桥，也叫"盘江铁索桥"。在盘江，此桥是建在关岭、晴隆二县交界的北盘江渡口。两峰夹峙，一水中绝，断崖千尺，壁立如削。

北盘江是古代由黔入滇的必经之处。东西两岸相距约80米，水流湍急。于是在1631年，贵州按察使朱家民倡议建铁索桥，便铸了大铁链数十条横贯于两岸岩石间。

然后在铁索桥的铁索上面横铺了两层木板，厚约0.27米，阔约3米。两边架设高约3米的网状链条护栏，桥头附有方便行旅休息、避雨的楼堞设施。

据明代奇人徐霞客描绘，称盘江铁索桥是："望之缥缈，然践之则屹然不动。日过牛马百群，皆负重而趋。"

盘江铁索桥在清朝曾多次修建，在河岸伐了大

> **徐霞客**（1587年~1641年），他的父亲徐有勉一生不愿为官，也不愿同权势交往，喜欢到处游览欣赏山水景观。徐霞客幼年受父亲影响，喜爱读历史、地理和探险、游记之类的书籍。他是古代著名的地理学家、旅行家和探险家，著有《徐霞客游记》。被称为"千古奇人"。

■ 铁索桥

铁索桥桥面

的木材来修铺于铁索上,两边还用巨石来稳固铁索。后来人们称它为"千寻金锁横银汉,百尺丹楼跨彩凤"的黔中胜迹。

盘江铁索桥从建筑规模,建筑的耐久性、实用性,以及周围环境的奇险上都是无法和泸定桥相媲美的。

阅读链接

据说在清代康熙年间,四川泸定住着一位藏族大力士名叫噶达。这位藏族大力士力大无比,因而远近闻名。相传修桥的时候,13根铁链无法牵到对岸,用了许多方法都失败了。

有一天,来了一位自称噶达的藏族大力士,两腋各夹一根铁链乘船渡过西岸安装,当他运完13根铁链后,因过于劳累不幸死去。

因此,当地人们在泸定桥畔修建了噶达庙,以纪念这位修桥的英雄。

贵州关岭花江铁索桥

在黔滇、黔桂驿道上,远近商贾络绎不绝,各路兵家相争不断。古时,曾有人在此设置渡口,用木船摆渡,但因水急浪大,经常使渡江行人船翻人亡。

■铁索桥景观

■ 贵州铁索桥

在河道奇险，水流湍急的北盘江上，历史上曾建造了不少大大小小结构不同、姿态各异的桥梁。但是，位于贞丰县东北与关岭县交界处的花江铁索桥，却以其独特的造型闻名遐迩。

其实在明代，官府曾多次在贵州的北盘江架桥，桥未建成即被洪水冲垮。

清朝光绪中叶，蒋宗汉倡请贵州巡抚崧藩筹款补修盘江铁索桥，但是没有得到应允。至1895年，蒋宗汉又上奏贵州巡抚崧藩，请求筹款修花江桥，并会同济公盐号筹款。

据《安顺府志》《永宁州志》等记载，1898年，开始在北盘江上修建石桥，多次被洪水冲垮。

直至1900年，便改建铁索桥，于1901年才建成，取名为"花江铁索桥"。

花江铁索桥宽3米，桥长72米，高70多米。它由14根粗大的铁链串缀而成，每根由262个环链组成。

蒋宗汉 云南鹤庆人，官至参将，腾越厅总兵，贵州提督。1876年，投资10万，修建花江铁索桥。蒋宗汉修桥属私人出资，工程巨大，共历时5年，这不能不说明蒋氏建桥的决心。

铁索桥景观

铁链拴在两岸人工凿成的石孔内，上铺木枋数百块作为桥面。扶栏由22根铁链组成，拴在两岸石孔内。

蒋宗汉在建成大桥后，又在距铁索桥400米处古道旁建普陀真境庙，塑普陀像一尊，龙王神一尊，山神像一尊，石雕龙一对。后人为了纪念蒋宗汉修铁索桥的功绩，在桥北至七口碑处的悬崖绝壁脚下一天然石洞内，刻有蒋宗汉军门的石像一尊。石洞口刻有篆书"炳堂蒋军门行乐图"，洞下崖头刻"万缘桥"三个字。

桥南岸古驿道旁有不少摩崖石刻，有"虹飞""华江桥""功成不朽""屹然大观"等32处。桥南岸30米处一崖壁上楷书阴刻监修分工及详细情况。

花江铁索桥像一道倒挂的长虹，横卧在北盘江两岸的悬崖峭壁之间，上托青天一带，下吻浪花万朵，堪称花江大峡谷的一个奇观。花江铁索桥也是我国著名的遗存不多的古铁索桥之一。

阅读链接

关于花江铁索桥名字的来由有个美丽的传说，据说过去在北盘江流经的这一带山崖上，花木繁茂。每逢花开时节，百花耀眼，各色花瓣随风纷纷飘坠江面，澄碧江流变得绚丽多彩。

因此，人们便把北盘江的这一江段称之为"花江"。横跨过这里的铁索桥，自然也就叫"花江铁索桥"了。

长虹卧波

玉带桥

　　我国各地有许多桥梁都取名为"玉带桥"。最早的是江苏省无锡宜兴玉带桥,然而最著名的玉带桥是坐落在北京颐和园昆明湖长堤上的玉带桥。

　　颐和园内的玉带桥也是各地之首,最著名的一座。此桥建于1736年至1795年。

　　另外一座是江西信丰玉带桥,它位于信丰虎山隘高至龙洲的虎山河上,建于清代,构造独特,它的弧形如玉带飞跨于滔滔激流之上,崇山峻岭之中。

　　此外,江苏宜兴市善卷镇的双祝河上,也有一座著名的"玉带桥"。

双祝河上东坡造玉带桥

金山方丈佛印与宋代著名文学家苏东坡是老相识。

1074年三月的一天，佛印陪苏东坡在山中漫步，走到白龙洞前，北望长江，江天一色，佛印连呼："好景致，好景致！"

佛印索性宽衣解带，引吭高歌，手舞足蹈起来。正在他们得意之时，"扑通"一声，苏东坡的玉带掉入了水中。这时，苏东坡急了，

■ 玉带桥景观

■ 玉带桥侧面

"这么有内涵,这么有品位的玉带怎么能这么没了呢?"

佛印也急了,连忙脱掉僧鞋袈裟,跳下水去捞玉带上来,并归还苏东坡。就这么个事,让佛印对这么有内涵,这么有品位的玉带可谓是念念不忘。

后来有一天,苏东坡要到杭州赴任途径润州,就顺便上金山找佛印。

当他见到佛印时,佛印正在准备为众僧说法,苏东坡来到方丈的房间,尚未站定,佛印笑着对苏东坡开玩笑地说:"从何处来?此间无坐处。"

苏东坡便随即用禅宗之语答道:"暂借和尚四大,用作禅床。"

佛印一听,苏东坡用起佛经典故了,笑道:"山僧有一问,学士答得出,即请从;否则,就将你身上的玉带留下,作为镇山之宝,如何?"

苏东坡心想:佛印是有心在考我了,我是出了名的大才子,不会被你难倒的,便道:"可以,一言为定。"

苏东坡(1037-1101),北宋文学家、书画家。字子瞻,号东坡居士。一生仕途坎坷,学识渊博,天资极高,诗文书画皆精。其文汪洋恣肆,明白畅达,与欧阳修并称"欧苏",为"唐宋八大家"之一。著有《苏东坡全集》和《东坡乐府》等。

玉带桥风光

佛印笑着不紧不慢地问:"出家人四大皆空,五蕴非有,请问先生何处坐呀?"

"四大"即地大、水大、火大、风大,佛教认为是构成物质的四大元素;"五蕴"即色蕴、受蕴、想蕴、行蕴、识蕴,是构成人身的五种元素。

"四大皆空,五蕴非有,不是一无所有,空空如也么,何座之有!"佛印这一问,倒把自恃聪明的苏东坡问住了。他一时想不出对策,只好把玉带输给了佛印,玉带也就成了"永镇山门"的宝物。

佛印得了玉带后,经常有人前来观赏,看的人多了,唯恐弄坏,于是找来德高望重的乡绅,把自己愿意捐资造桥的想法提出来,并立即解下玉带,作为捐赠。

于是,大家纷纷募捐筹桥资,并在原玉带落水处,仿照玉带的式样建造了玉带桥,供人观赏。不到半年时间,一座花岗岩的石拱桥,便飞架在双祝河上,村民们无不称便。因为为了纪念苏东坡和佛印捐玉带建桥,便把这座桥命名为"玉带桥"。

阅读链接

玉带桥位于宜兴市张渚镇祝陵村,始建于宋,清代重建,东西向,建成后的玉带桥为单孔石拱桥,青石、花岗石混砌。

玉带桥长17米,顶宽3.8米,堍宽4.3米。桥孔净跨5.8米,矢高3.9米。扶栏高0.44米,栏柱顶刻莲花纹。拱内有铭石两块,上面有碑文记载着苏东坡与佛印两人的功绩。

江西信丰的玉带桥

1740年，虎山河是水急浪高，像猛虎挡住行人的去处，但是这里又是去广东的必经之路，所以在此渡河者经常被水卷走，当地人也被卷走不少，大家感到万般无奈，而官府也因为怕花费太多而不管。

丽江古城玉带桥

■ 玉带桥景观

虎山富翁余凤岐夫妇心地善良，每当看到又出人命了，他们经常落泪。为造福一方百姓，便利南来北往客商，余凤岐对天承诺倾其全家所有财产，修建大石桥。

一时间，整个信丰为之哗然，虎山河两岸顿时热闹喧腾，民工如云，造桥气势蔚然壮观。余凤岐也因为修建玉带桥，成为江西赣南各家各户妇孺知晓的人物。

1740年，一个老和尚告诉余凤岐："今年八月十九是开工的黄道吉日，有几只大红鸭子浮起的地方就可以建桥墩。"说完这话，老和尚马上就不见了。

等到那天，河里真的浮起几只红鸭，余凤岐立即开工建桥。动工两月，余凤岐耗尽家财，这石拱桥近乎完成，却差了数百两银子，大石桥的工程不得不停了下来。

于是余凤岐叫妻子去四处讨乞，可是即便如此，钱财还是不够。

余凤岐心想：桥建了是不能停工的，否则来年春天大水冲来就将前功尽弃。正在余凤岐心急如焚、一筹莫展之时，老和尚又飘然而至，告诉余凤岐要想把桥建好，必须"苦行"。

于是余凤岐将一副几十千克重的枷锁背在身上，三步一跪、五步一拜，来到离此不远的隘高古城。这里的人过着优雅的生活，对乡下人的事不闻不问。精诚所至金石为开，隘高人被余凤岐精神感动，纷纷捐款捐物。

而且幸运的是，余凤岐的事被隘高古城一个好心的寡妇知晓，非常感动，愿意倾其所有家产，付给余凤岐剩余银两，并送余凤岐回到了修桥工地。

大桥竣工了，可是余凤岐因积劳成疾去世了，上天感其善行，让他投胎到南安府戴员外家。

然而，他一生下来就昼夜啼哭，家人如何哄劝都无济于事。当一个讨饭婆来到戴员外家乞讨时，他一见讨饭婆却转哭为笑，员外把这女人留下来抚养他。

他从小天资聪慧，勤奋好学，18岁便高中状元。

后来，民间为纪念他带头修桥的功德，将桥命名

> **状元** 在封建社会中，科举考试的最高一级选拔出来的或者经皇帝认定的第一名。有文状元和武状元之分。

■ 玉带桥景致

客家 客家人始于秦征岭南融合百越时期，历经西晋永嘉之乱、东晋五胡乱华，中原汉族大举南迁，大部分到达广东、福建、江西等地，与南方百越群体互通婚姻，经过千年演化，在南宋时期形成了相对稳定的客家民系。

为"余带桥""凤岐桥"。因为余带没有多少文学色彩，而且凤岐又难写难认，恰好此桥又有如玉带飘然于水上，同时谐音，所以最后大家都称为"玉带桥"。

建好后的玉带桥为两墩三孔屋楼式拱桥，两墩立于急转直下的激流之中，其一紧靠河岸，护住河堤，其一形如驳船，高出水面5.7米，拱跨14.3米。

玉带桥桥面宽3.8米，用小乱石铺平，上建高3.2米的廊屋，廊屋为木石结构，分为32间，两端各建4.2米高的瓦房桥头堡。

桥面中建成了一间4.6米高的凉亭兼神庙，其长5.1米，宽3.8米，凉亭内分前厅和后殿，供人歇息。

凉亭内东西上方各书"神泽汪洋，龙驾远波"8个字，左右两根石柱上分别刻有"功高德大固桥是赖圣与神，海阔江深登岸不须舟与楫"的对联，桥面边沿还刻有1.2米高的矮墙代替扶栏望栏。

■ 颐和园玉带桥台阶

玉带桥建筑

这圣，无疑是余凤岐，这神，则是百姓大众。至于后来有神相助，天上飘下了玉带于虎山河上而成玉带桥的说法，皆为神话传说。此外还传说，有后人在寡妇的后代家中见过镣铐。镣铐依旧，锃亮如新，真仿佛有一种精神气融盈于其中。

信丰玉带桥，位于信丰虎山隘高至龙洲的虎山河上，构造独特，它的弧形如玉带飞跨于滔滔激流之上，崇山峻岭之中。玉带桥的桥墩有3孔，呈层楼式的形状。

玉带桥是一座充满了神奇与故事的石桥，它历时近400年，却依然坚固如初，不知道有多少客家前辈踏访过它，有多少捐客在玉带桥休息过，又有多少香客在桥中间的神庙前烧过香，又有多少路人聆听过余凤岐乞讨银子修桥的故事……

阅读链接

据县志记载，玉带桥是古时信丰通往广东兴宁、和平的交通要道。"东有信丰玉带桥、西存大余古驿道"，两处分抵东江与西江，这古桥与雄关双双享誉南赣大地。

桥的那通石碑刻有关于玉带桥的无名古诗："日照玉带水连天，龙虎护佑轿两边。飞虹卧波牵赣粤，商贾如云古道间。"应该是对当时玉带桥上人员繁忙密集的一种写照。

颐和园中的玉带桥

北京颐和园内的玉带桥也是各地玉带桥中最著名的一座。北京颐和园玉带桥建于1736年至1795年,1875年至1908年期间曾重修过。

玉带桥位于北京颐和园昆明湖长堤上。玉带桥的单孔净跨11.38

颐和园玉带桥

颐和园玉带桥

米,高7.5米,全部用玉石琢成,桥面是双反向曲线,组成波形线桥型,配有精制白石栏板,显得格外富丽堂皇。

玉带桥的桥身全部都是用汉白玉和青白石砌成。洁白的桥栏望柱上,雕有各式向云中飞翔的仙鹤,雕工精细,形象生动,显示了雕刻工匠们的艺术才能。

玉带桥拱高而薄,形若玉带,弧形的线条十分流畅。半圆的桥洞与水中的倒影,构成一轮透明的圆月,四周桥栏望柱倒影参差,在绸缎般的水面上浮动荡漾,景象十分动人。

玉带桥位于颐和园西堤北段,在昆明湖的西北角。玉带桥是从昆明湖到玉泉山的门户。西堤从北至南共建有6座桥,它们是:界湖桥、豳风桥、玉带桥、镜桥、练桥和柳桥。而玉带桥是其中最为别致,最具风格的一座,它是颐和园靓丽的一景。

玉带桥是"西堤六桥"中唯一的高拱石桥,乾隆皇帝在位的时候,从颐和园走水路去静明园也就是后来的玉泉山,每次都要过玉带桥。因为乾隆皇帝的"昆明喜龙船"长40多米,上建楼台,其他的桥洞不高是过不去的。

颐和园玉带桥

玉带桥的桥拱高出水面10米有余，大小和昆明湖南端的绣漪桥相似。在"西堤六桥"中，其他5座桥都是上有古式亭楼下有穿堂的石桥，唯独玉带桥是座白色的高拱石桥。

据说皇帝喜爱玉带桥，不仅是因为玉带桥交通方便，还因为它造型玲珑秀美。

玉带桥的桥拱呈蛋尖形，看起来特别高耸，好像一条玉带。此桥旧名"穹桥"，俗称"驼峰桥"，均以形象命名。玉带桥的造型具有长江三角洲地区石拱桥的风格，以纤秀挺拔，轻巧为其之特色。

玉带桥是用汉白玉和青石砌成的，净跨径11.38米，高7.5米。设计者匠心独运，在拱桥两端加上反向曲线，构成波状线型，给人一种动态的美感。

玉带桥造型优美，远近闻名。在颐和园内的昆明湖畔，洁白的石桥凌空隆起，恰似驼峰高耸，玉带飘扬。玉带桥跟宫阙的红墙、长堤的翠柳、背后青山上的宝塔，相互辉映，形成一幅绝妙的丹青图画。

阅读链接

山东省的济宁城内有18座桥，清平桥、玉带桥、玉堂桥、草桥、南门桥……微雨蒙蒙的夜里，沿阶而下，站在那一带水旁，但见两边的墙砌得很整齐，桥上、河边的灯整整齐齐地排过去，跟两岸闪烁着的招牌呼应着。

济宁玉带桥是济宁运河上的一座美丽的小桥，站在桥上可以远眺，玉带桥是人们心中的故乡桥。

济宁玉带桥的四周全是一些仿江南的古建筑，颇有风韵。再加上玉带桥下潺潺的流水声，简直美不胜收。